AF563717

COMÉDIE

EN UN ACTE ET EN PROSE,

MÊLÉE DE MUSIQUE

REPRÉSENTÉE sur le Théâtre de l'Opéra-Comique, ci-devant Théâtre Italien, le 1er Floréal, l'an IV, (20 Avril 1796, vieux style).

Paroles du Citoyen HOFFMAN,
Musique du Citoyen SOLIÉ.

Franç-Benoi

42

À PARIS;

[illegible] Libraire du Théâtre de l'Opéra-Comique; [illegible] des Italiens, près la rue Favart, No. 340.

[illegible] IV. (1796 vieux style.)

PERSONNAGES.

DUPUIS,	Le C^en. Solié.
CÉCILE, *femme de Dupuis,*	La C^enne. Dugazon.
VALÈRE, *ami de Dupuis,*	Le C^en. Martin.
ANGÉLIQUE, *amante de Valère,*	La C^enne. Sérigny.
THOMAS, *valet de Dupuis,*	Le C. Dozainville.
UN PORTE-FAIX,	Le C^en. Coraly.

La Scène se passe dans la Maison et dans la chambre de Dupuis. Dans le fond de cette chambre se trouve une petite retraite cachée, dans laquelle on entre par un pan de boiserie à coulisse, dont Dupuis seul a le secret.

LE SECRET,

COMÉDIE EN UN ACTE, EN PROSE, MÊLÉE DE MUSIQUE.

SCENE PREMIERE.

VALERE, *seul, sort de sa retraite avec crainte et précaution.*

DUPUIS ne revient pas. Lui seul peut me donner des nouvelles; lui seul a le secret de ma retraite. Qu'il est affreux d'être réduit à se cacher.

AIR.

Quel effroi! Grands Dieux quelle gêne!
Tout me tourmente en ce séjour;
J'espere, je crains tour à tour,
Mais l'espoir ne me luit qu'à peine,
Et la crainte en mon cœur redouble chaque jour.

O trouble affreux qui me dévore!
Hélas! quand je devrois chercher
Ce que je perds, ce que j'adore,
Je suis réduit à me cacher.

O tourment! ô douleur extrême!
Tout me trouble dans ce séjour;
J'espere, je crains tour à tour,
Mais je tremble pour ce que j'aime.
O tourment! ô douleur extrême!
Faut-il perdre tout ce que j'aime?
Ah! l'effroi dans mon cœur redouble chaque jour.

J'entends du bruit.... On vient.... Fuyons.
(Il rentre et ferme la coulisse.)

SCENE II.

CÉCILE, *seule.*

J'AI cru entendre quelqu'un.... ce n'est rien. Je suis seule! Oh! oui, je suis seule. Mon mari ne revient pas. Tous les jours il me quitte; et quand il rentre, c'est pour s'enfermer dans cette chambre, où je ne puis plus pénétrer. Où est-il allé? ah! sans doute chez des personnes que les maris ne nomment point. Il faut avouer qu'ils ont un beau privilege! Mais les pauvres femmes, il ne leur est pas même permis de se plaindre.

COUPLETS.

Qu'on soit jaloux dans sa jeunesse,
Ce mal sied bien à deux amans:
Tout est plaisir dans leur ivresse,
Leurs chagrins même sont charmans.
Mais, hélas! quand on est épouse,
Et depuis long-tems, dieu merci!
Qu'il est cruel d'être jalouse,
Et de l'être pour un mari!

Pour lui l'hymen est une chaîne,
Jadis, hélas! c'étoit un jeu;
Il ne me dit plus qu'avec peine
Un mot qui lui coûtoit si peu!
Sans médire, plus d'une épouse
S'en vengeroit bien, dieu merci!
Mais je suis fidelle et jalouse,
C'est trop d'honneur pour un mari.

Il ne vient pas. Où peut-il être?
Il ne sent pas tout mon ennui.
Il cherche une femme peut-être,
Quand la sienne l'attend chez lui.
Ah! mon dieu! quand on est jalouse,
Et qu'on aime bien, dieu merci!
Qu'il est cruel pour une épouse
D'attendre toujours un mari!

SCENE III.

CÉCILE, THOMAS.

THOMAS.

MADAME, me voilà revenu.

CÉCILE.

Où est ton Maître?

THOMAS.

Je n'en sais rien, Madame.

CÉCILE.

Tu l'as suivi.

THOMAS.

Oui, dans la rue.

CÉCILE.

Où est-il entré?

THOMAS.

Dans une maison.

CÉCILE.

Dans quelle maison?

THOMAS.

Je n'en sais rien, Madame.

CÉCILE.

Vous me trompez.

THOMAS.

Non, Madame.

CÉCILE.

Y a-t-il des femmes dans cette maison?

THOMAS.

Il y en a par-tout, Madame?

CÉCILE.

C'est donc chez une femme que ton Maître est allé.

THOMAS.

Cela se peut bien, Madame.

CÉCILE.

Tu le sais donc? tu me trompes; tu fais comme ton maître, tu le sers à me tromper.

THOMAS.

Je n'ai pas parlé de cela, Madame.

CÉCILE.

Imbécile!

THOMAS.

Cela se peut bien, Madame.

CÉCILE.

M. Thomas, vous m'avez l'air d'un niais rusé.

THOMAS.

Madame me flatte.

CÉCILE.

Je vous crois assez d'esprit pour savoir faire la bête.

THOMAS.

Cela se peut bien, Madame; il y a tant de bêtes qui font de l'esprit!

CÉCILE.

C'est cela, c'est cela; mais voyons: pourquoi pendant trois jours cette chambre a-t-elle été fermée?

THOMAS.

Je n'en sais rien, Madame.

CÉCILE.

On y travailloit, on y a fait quelque opération mystérieuse.

THOMAS.

Je l'ai cru comme vous, mais en y rentrant j'ai trouvé tout à sa place.

CÉCILE.

Vous n'avez rien su ?

THOMAS.

Monsieur ne me dit rien.

CÉCILE.

Ni à moi, c'est ce qui me désole ; il me traite comme un de ses domestiques.

THOMAS.

Et moi comme une femme, car il ne me fait pas la plus petite confidence.

CÉCILE.

Le sot ! Mais est-il entré quelqu'un ici ?

THOMAS.

Oui, Madame ; hier un homme est entré avec Monsieur, mais il n'est point sorti.

CÉCILE.

Il est entré, et il n'est point sorti ?

THOMAS.

J'en suis sûr, j'étois à la porte.

CÉCILE.

Quel conte ! Mais étoit-ce bien un homme ?

THOMAS.

Ah ! je n'ai pas examiné la chose.

CÉCILE, *vivement.*

C'étoit une femme déguisée.

THOMAS.

Cela se peut bien, Madame.

CÉCILE.

Mais qu'est-elle devenue ?

THOMAS.

Tenez, Madame, je crois que ce n'étoit ni un homme, ni une femme.

CÉCILE.

Qu'est-ce donc ?

THOMAS.

Ma foi ! je crois que c'étoit le diable, car je ne comprends plus rien à tout ce qui se fait ici.

DUO.

CÉCILE.

Tout cela me confond.

THOMAS.

Tout cela me tracasse.

CÉCILE.

Tu ne te trompes point?

THOMAS.

J'étois à cette place.

CÉCILE.

Tu l'as vu?

THOMAS.

Je l'ai vu.

CÉCILE.

C'étoit?....

THOMAS.

C'étoit lui.

CÉCILE.

Mais qu'est-il devenu?

THOMAS.

C'est ce qui m'embarasse.

CÉCILE.

Il est entré quelqu'un?

THOMAS.

Mais il n'est point sorti.

CÉCILE.

Tu l'as vu!

THOMAS.

Je l'ai vu.

CÉCILE.

Quelqu'un étoit ici?

THOMAS.

Oui, le diable est entré, mais il n'est pas sorti,
C'étoit lui, soyez-en sûre,
Moi je l'ai toujours pensé,
Car il faut qu'il ait passé
Par le trou de la serrure.

ENSEMBLE.

CÉCILE.

Ah! c'est trop m'outrager!
L'ingrat trahit ma flamme;
Je suis jalouse et femme,
Je saurai me venger.

THOMAS.

Il n'est pas de danger;
Laissons faire la Dame,
Dans ce cas une femme
Sait toujours se venger.

CÉCILE.

Mon cher Thomas, je t'en conjure,
Conte-moi tout, et sans détour,
Ton Maître a-t-il quelque autre amour?

THOMAS.

Mais, je l'ignore

CÉCILE.

J'en suis sûre:

(*Elle lui donne de l'argent.*)

Conte-moi tout, ne cache rien.

THOMAS, *prenant l'argent.*

Votre douleur touche mon âme.

CÉCILE.

Eh bien! mon cher Thomas....?

THOMAS.

Eh bien!

Apprenez qu'il aime une femme.

CÉCILE.

Quelle femme?

THOMAS.

Je n'en sais rien.

CÉCILE, *avec colère.*

Tu me mets à la torture;

Parle, ou je t'y forcerai,

THOMAS.

Je l'ignore, je l'assure;

Mais bientôt je le saurai,

Car toujours j'écouterai

Par le trou de la serrure.

ENSEMBLE.

(*Le même que le précédent.*)

THOMAS.

Tenez, Madame, voici quelqu'un qui peut vous instruire mieux que moi.

SCENE IV.

CECILE, DUPUIS, THOMAS.

CÉCILE.

Ah! vous voilà enfin de retour?

DUPUIS.

Oui, ma chere, et bien fatigué.

CÉCILE.

Ce n'est pas ma faute.

DUPUIS.

Aussi je ne t'en accuse pas.

CÉCILE.

C'est fort heureux ; et peut-on savoir d'où vous venez ?

DUPUIS.

Cela ne vous intéresseroit point.

CÉCILE.

C'est donc à dire que je ne saurai jamais rien de ce mystere qui regne ici depuis quelques jours.

DUPUIS.

Vous le saurez quand il en sera tems.

CÉCILE.

Vous avez un secret pour votre épouse?

DUPUIS.

Si c'étoit le mien, je vous le confierois : c'est celui d'un autre, il ne m'appartient pas.

CÉCILE.

Je le sais le secret.

DUPUIS.

Vous le savez ?

CÉCILE.

Vous ne m'aimez plus ; la chaine de l'hymen vous pese sur le cœur, vous en aimez une autre, vous me trompez sans cesse..... voilà le secret, Monsieur, qu'il m'est aisé de deviner malgré toutes vos ruses et votre dissimulation.

DUPUIS.

Vous êtes jalouse ?

CÉCILE.

Oui, je le suis, puisqu'il faut vous le dire.

DUPUIS.

Je ne me croyois pas tant de mérite.

CÉCILE.

Oui, raillez-moi, ingrat, cela vous sied à merveille. Ah! mon dieu! que les femmes sont folles ! elles devroient bien.... Je me tais, j'en dirois trop.

DUPUIS.

Oh! quelques-unes font bien ce que vous avez voulu dire.

THOMAS, *à part.*

Bon, cela s'échauffe.

CÉCILE.

Vous ne m'aimez donc plus?

DUPUIS.

Ma chere femme, ayez donc un peu de confiance en moi.

Vous saurez tout, vous dis-je; cela ne tardera pas, et vous m'approuverez vous-même. Pour ce moment, ayez la complaisance de me laisser seul ici, j'irai vous retrouver dans votre appartement. J'ai deux mots à écrire, et je ne puis différer.

CÉCILE.

Vous voulez écrire? allons, Monsieur, je vous laisse... Écrivez. Viens, toi. Monsieur veut être seul.

DUPUIS.

C'est ce que j'allois lui dire.

CÉCILE, *en s'en allant.*

Oh! que le mariage est une belle chose! (*Elle sort.*)

THOMAS.

Oui, quand on en est revenu.

DUPUIS, *se croyant seul.*

Fermons la porte et délivrons notre prisonnier, (*voyant Thomas.*) Que fais-tu là?

THOMAS.

J'attendois vos ordres.

DUPUIS.

Vas les attendre dans l'autre chambre, et malheur à toi, si tu approches de cette porte!

THOMAS, *à part en sortant.*

Il y a du mic-mac, c'est sûr.

SCENE V.

DUPUIS, *seul.* (*Il ferme la porte à la clef.*)

MAINTENANT nous sommes en sûreté; il faut instruire Valere des dangers qu'il court, et le forcer à la prudence. (*Il ouvre la coulisse du fond, et appelle Valere.*) Venez, c'est moi, c'est votre ami.

SCENE VI.

DUPUIS, VALERE.

VALERE.

AH! mon ami, quelles nouvelles m'apportez-vous?

DUPUIS.

Elles ne sont pas satisfaisantes. On parle dans toute la ville de votre duel, & du malheur que vous avez eu de tuer votre rival.

VALERE.

Le ciel m'est témoin qu'il m'a forcé à lui arracher la vie.

DUPUIS.

Je le sais ; mais ses parens vous cherchent avec activité, et veulent vous poursuivre avec chaleur. Restez donc ici, et attendez des circonstances moins dangereuses pour oser vous découvrir. La retraite que je vous ai ménagée, la porte mystérieuse qui y conduit, le secret de l'ouvrir dont je suis seul dépositaire, tout cela vous met à l'abri des recherches. Mais vous-même, vous devez user de la plus grande circonspection. Observez donc le plus profond silence, et ne vous hasardez à venir dans cette chambre, que quand je vous y appellerai moi-même.

VALERE.

Ah ! mon ami, que ne vous dois-je point ?

DUPUIS.

Vous me devez de tout faire pour votre conservation.

VALERE.

Généreux ami ! et votre femme sans doute n'est pas instruite des soins que vous prenez pour me sauver.

DUPUIS.

Non, Valere ; un secret de cette importance ne doit se confier à aucune femme, et je ne suis pas sûr que la mienne mérite une exception.

VALERE.

Et Angélique, ma chere Angélique, en avez-vous des nouvelles ?

DUPUIS.

Voici une lettre qui vous instruira ; elle est de votre ami Dorval ; les détails qu'elle contient vous affligeront, mais ils vous forceront à prendre un parti sage. Lisez-la, Valere ; je vais retrouver Cécile ; restez dans cette chambre, je vais vous y enfermer, et je serai seul quand je viendrai vous rejoindre. Je veux tâcher d'appaiser la colere de ma femme si toutefois cela est en mon pouvoir.

(Il sort et ferme la porte à la clef.)

SCENE VII.

VALERE, *seul.*

Des nouvelles d'Angélique ! et des nouvelles affligeantes ! Je tremble en ouvrant cette lettre. *(Il lit.)*

» Mon ami, dussé-je vous désespérer, je vous dirai la
» vérité toute entiere. Deux jours après votre duel, Angé-
» lique s'est enfuie de cette ville, sans qu'on ait pu dé-
» couvrir la route qu'elle avoit prise. Un homme qui
» passe pour être votre rival, a disparu en même tems.
» Je pourrais en dire davantage, mais je me contenterai de
» vous observer que les femmes ne méritent pas toutes qu'on
» se batte pour elles, et qu'on verse le sang d'un homme
» pour les venger. DORVAL.

Ciel! la perfide! elle me trahit, elle m'abandonne! et j'ai pu m'exposer..... que dis-je? je le serois encore. Quels que soient les torts de celle que l'on aime, on doit punir l'insolent qui l'outrage. Mais hélas! puis-je douter de sa perfidie? Ah! Dorval est trop mon ami, il est trop bien instruit; il n'a pas même voulu m'apprendre toute l'étendue de mon malheur.

ROMANCE.

Je te perds, fugitive espérance!
L'infidelle a rompu tous nos nœuds.
Pour calmer, s'il se peut, ma souffrance,
Oublions que je fus trop heureux.

Qu'ai-je dit? non jamais, de mes chaînes
Nul effort ne sauroit m'affranchir:
Ah! plutôt au milieu de mes peines,
Conservons un si doux souvenir.

Ah! reviens, séduisante espérance;
Ah! reviens ranimer tous mes feux.
De l'amour supportons la souffrance;
Tant qu'on aime, on n'est pas malheureux.

Toi qui perds un amant si sensible,
Ne crains rien de son cœur généreux:
Te haïr ce seroit trop pénible,
T'oublier est encor plus affreux.

SCENE VIII.

VALERE, DUPUIS.

DUPUIS.

RENTREZ, Valere, ma femme va venir ici; elle a quelques soupçons, mais sa jalousie lui fait prendre le change.

VALERE.

Ah! mon ami......

DUPUIS.

Rentrez ; de la prudence. (*Valere rentre.*)La jalousie de Cécile sert admirablement notre ami. Les chimeres qu'elle se forme, l'empêchent de deviner juste, et c'est beaucoup de tromper une femme en fait de ruse et de finesse.

SCENE IX.

DUPUIS, CÉCILE.

CÉCILE.

Vous n'étiez pas seul ici.

DUPUIS.

Vous voyez bien que vous vous trompez.

CÉCILE.

Vous parliez à quelqu'un.

DUPUIS.

Vous écoutiez donc?

CÉCILE.

Si je vous disois, oui!

DUPUIS.

Je vous répondrois que vous avez deux torts; le premier d'écouter, le second de croire que je parlois à quelqu'un.

CÉCILE.

Vous parliez, j'en suis sûre.

DUPUIS.

Vouloir m'empêcher de parler à d'autres, cela pourroit s'expliquer; mais me défendre de parler tout seul, c'est un peu fort.

CÉCILE.

Oh! le plus fourbe des hommes!

DUPUIS.

Vous allez recommencer?

CÉCILE.

Oui, je recommencerai, je vous obséderai, je vous tourmenterai; si je ne puis partager vos plaisirs, votre bonheur, je veux que vous partagiez mes chagrins et mon ennui.

DUPUIS.

Thomas!

SCENE X.

Les précédens, THOMAS.

THOMAS.

MONSIEUR!

DUPUIS.

Mon chapeau.

CÉCILE.

Vous allez encore sortir? c'est bien, très-bien. En effet, il y a trop long-tems que vous êtes avec moi. Allez donc, monsieur, on vous attend; au moins dans une autre maison, je ne pourrai pas écouter aux portes.

DUPUIS.

Thomas, ma canne.

CÉCILE.

Puis-je vous être aussi de quelque utilité?

DUPUIS.

Vous me serez toujours utile et agréable. Bon soir!

CÉCILE.

O Dieu! allons donc, Thomas, accompagnez monsieur.

DUPUIS.

C'est précisément ce que je ne veux pas. Je t'ordonne de m'attendre ici.

THOMAS, *à part.*

Cette fois je ne saurai rien.

DUPUIS.

A revoir, ma chere amie. (*Il veut l'embrasser, elle le repousse, et il sort en la saluant avec gravité.*)

SCENE XI.

CÉCILE, THOMAS.

CÉCILE.

AIR:

Rien ne peut égaler ma rage,
Je ne puis plus la contenir.
Nouveau tourment, nouvel outrage!
Perfide époux, c'est trop souffrir.
Affreux liens du mariage,
Vous n'êtes rien qu'un esclavage;
Je saurai bien m'en affranchir,

THOMAS, *gravement.*

Je vous approuve, c'est fort sage.

CÉCILE.

Je saurai bien m'en affranchir.
Nous séparer? et pour la vie!
Mais si je pouvois, dans son cœur,
Faire passer ma jalousie.....
Lui rendre frayeur pour frayeur.....
Si quelque ruse bien ourdie
Pour moi ranimoit son ardeur....
Ce parti me plaît davantage:
S'il m'aime encor, par ce moyen
Je puis ramener le volage
Aux douceurs d'un premier lien.

THOMAS.

Je vous approuve, c'est fort sage.

CÉCILE.

Mais s'il me fait nouvel outrage,
Mais s'il persiste à me trahir;
Perfide époux, c'est trop souffrir!
Affreux liens du mariage,
Vous ne seriez qu'un esclavage,
Et je saurois m'en affranchir. (*Elle sort.*)

SCENE XII.

THOMAS, (*seul.*)

ELLE a cependant choisi la vengeance la plus douce. Quand les femmes réfléchissent un peu, elles finissent toujours par prendre le parti où il y a moins à perdre, et plus à gagner. Maintenant que nous sommes seuls, pensons un peu à nous. *Primo mihi*, me disoit le magister de mon village; voilà tout ce que j'ai retenu de mon Latin. Ma maîtresse me paie pour lui dire tous les secrets de mon maître, je ne lui dis pas ce que je sais, mais je brode ce que je ne sais pas, ainsi l'un compense l'autre. Mon maître me paie pour lui garder le secret sur ses démarches, je dis et j'amplifie tout ce qui peut me servir, mais je tais tout ce qui m'est inutile; ainsi cela revient au même, et j'appelle cela de l'argent trouvé. —Mais qu'est-ce que je vois là bas? C'est une femme, une femme que je ne connois pas. Ah! si c'étoit la dulcinée de mon cher maître? Madame, donnez-vous la peine d'entrer. (*à part.*) Cela sent l'aventure,

SCENE XIII.

THOMAS, ANGÉLIQUE.

ANGÉLIQUE.

Monsieur Dupuis est-il chez lui ?

THOMAS.

Non, Mademoiselle ; mais vous voyez son serviteur, et le vôtre.

ANGÉLIQUE.

Je suis bien fâchée de ne pouvoir lui parler.

THOMAS.

Je crois que mon maître en sera plus fâché que vous.

ANGÉLIQUE.

C'est pour une affaire de la plus grande importance.

THOMAS.

Si vous voulez parler à Madame, cela vous seroit-il égal ?

ANGÉLIQUE.

Oh non, c'est à Monsieur.

THOMAS.

C'est à Monsieur, et ce n'est pas à Madame ; ah! j'entends.

ANGÉLIQUE.

Rentrera-t-il bientôt ?

THOMAS.

Je ne sais, Mademoiselle ; mais si vous vouliez l'attendre, ma maîtresse viendroit vous tenir compagnie.

ANGÉLIQUE.

Non, je vous remercie.

THOMAS.

Ah ! j'entends.

ANGÉLIQUE.

A quelle heure trouve-t-on votre maître ?

THOMAS.

Madame pourra vous dire cela mieux que moi.

ANGÉLIQUE.

Ah! cela est inutile. Je n'ai pas l'honneur de connoître Madame.

THOMAS.

Ah! j'entends. Mais si vous vouliez dire votre nom, votre adresse, monsieur vous rendroit sa visite.

ANGÉLIQUE.

ANGÉLIQUE.

Je ne veux pas lui donner cette peine.

THOMAS.

Mademoiselle veut bien appeller cela une peine; mais votre nom?

ANGÉLIQUE.

Cela n'est pas nécessaire, je....

THOMAS.

Ah! j'entends; Monsieur connoîtra Mademoiselle sans que je lui dise son nom.

ANGÉLIQUE.

Mais je ne me trompe pas? Je suis chez monsieur Dupuis.

THOMAS.

Non, Mademoiselle, vous ne vous trompez pas; mais souffrez que j'avertisse Madame.

ANGÉLIQUE.

Non, non, ce n'est pas la peine....

THOMAS.

Ah! c'est vrai, vous me l'avez déjà dit.

ANGÉLIQUE.

Puisque je ne puis parler à Monsieur, je vous prie de lui remettre ce paquet, n'y manquez pas.

THOMAS.

C'est comme s'il le tenoit; c'est à Monsieur?

ANGÉLIQUE.

Mais oui, il est à son adresse.

THOMAS.

C'est tout ce qu'il y a pour votre service?

ANGÉLIQUE.

Oui, je vous souhaite le bon jour.

THOMAS.

Bon jour, Mademoiselle; prenez garde, il commence à faire sombre. (*Il la conduit.*)

(*Valere sort de sa cachette, et s'avance avec crainte.*)

SCÈNE XIV.

VALÈRE, *seul.*

Est-ce une erreur? une illusion? Quelle voix! Seroit-il possible? Voyons..., elle est partie. Puis-je le croire?

Angélique dans cette maison ! Ah ! c'est-elle ; sa voix s'est fait entendre, mon cœur l'a reconnue ; mais est-elle infidelle ? Que concevoir ? que faire ? O ciel ! On vient.... Je n'ai pas le tems .... On va me voir, je suis perdu.

(*Il se cache derrière le rideau de la croisée.*)

SCÈNE XV.

THOMAS, *riant aux éclats, et tenant une bougie allumée.*

AH ! ah ! ah ! ah ! C'est à Monsieur, ce n'est pas à Madame. Votre adresse ? Cela est inutile. Votre nom ? Cela n'est pas nécessaire. Et moi qui lui disois toujours, j'entends ; et elle qui ne m'entendoit pas. Ah ! ah ! ah ! ils me prennent tous pour une bête ; mais je ne m'en fache pas, et j'y trouve mon compte. (*Il pose la bougie sur la table.*)

COUPLETS.

Un ancien proverbe nous dit :
Bienheureux les pauvres d'esprit !
On peut être heureux, quoique bête ;
Le bonheur n'est pas dans la tête ;
Mais pourtant je fais plus de cas
De bêtes qui ne le sont pas.

Il est très-utile, en effet,
De ne pas montrer ce qu'on est.
Il en est de même des femmes,
La simplesse règne en leurs ames ;
Mais on trouve dans plus d'un cas
Des simples qui ne le sont pas.

Par exemple, ce que je dis
Très-souvent arrive aux maris.
On courtise fille bien sage,
Vîte on presse le mariage ;
On épouse, et l'on trouve hélas !
Demoiselle qui ne l'est pas.

Maintenant, examinons ce que nous ferons de ce paquet ; (*il s'assied près de la table.*) Madame m'a ordonné de saisir tout ce qui viendroit à l'adresse de Monsieur. Or donc, je saisis. En outre, comme je suis de moitié dans la ruse, je puis être de moitié dans la lecture. Je vais donc sans scrupule décacheter le paquet ; c'est une peine que j'évite à Madame. (*Il le décachette.*)

VALERE.

Le coquin !

THOMAS.

Hein ! J'ai cru qu'on m'appelloit. Ce n'est rien. Lisons

donc la missive. Ah ! ah ! un portrait ! C'est celui de la Dame qui vouloit parler à Monsieur.

Il pose le portrait sur la table.) Lisons.

« Depuis le malheur qui vous est arrivé. . » Le malheur ! « de vous battre avec votre rival » diable ! « je me » suis enfuie de chez mes parens. » Ah ! ah ! elle a l'air bien modeste, pour une coureuse d'aventures.

VALERE.

Maraut !

(*Valère qui s'est avancé derrière lui, prend le portrait d'une main, la lettre de l'autre, souffle la bougie, renverse Thomas, et rentre dans sa cachette.*)

THOMAS, *couché par terre.*

Aï ! aï ! aï ! Au secours ! au secours ! je suis mort. Aï ! aï ! aï ! Au meurtre ! Qui que vous soyez, ayez pitié de moi : j'ai tort, j'ai tort, je m'en repens du plus profond de mon ame.

SCÈNE XVI.

THOMAS, CÉCILE, *avec une lumière.*

CÉCILE.

EH bien ! Qu'as-tu donc à crier si fort ?

THOMAS.

Ah ! Madame . . . . . c'est fait de moi.

CÉCILE.

Qu'est-il arrivé ? Pourquoi tout ce tapage ?

THOMAS, *se relevant*

Attendez un peu que je sois remis de ma frayeur.

CÉCILE.

Mais pourquoi cette frayeur ?

THOMAS.

Ah ! pourquoi ! Si vous en aviez vu autant . . . . . Donnez-moi un peu cette lumière.

CÉCILE.

Qu'en veux-tu faire ?

THOMAS.

Donnez, donnez, je vous prie.

(*Il fait le tour de la chambre, en regardant par tout en tremblant*)

Eh bien ! il a encore passé par le trou de la serrure,

CÉCILE.

Qui?

THOMAS.

Ah! qui! c'est bien dit, qui! Sachez donc qu'il est venu une jeune dame, une demoiselle, n'importe!

CÉCILE.

Une femme?

THOMAS.

Elle a demandé Monsieur.

CÉCILE.

Il falloit m'appeller.

THOMAS.

Elle n'a pas voulu. Elle m'a dit beaucoup de choses, et toujours pour Monsieur. Puis elle a fini par me remettre une lettre, et un portrait pour Monsieur.

CÉCILE.

Où est cette lettre? ce portrait? voyons.

THOMAS.

Oh! oui, voyons; allez les chercher.

CÉCILE.

Que sont-ils devenus?

THOMAS.

Attendez donc la fin de mon histoire.

CÉCILE.

Tu me fais mourir d'impatience.

THOMAS.

Patience! Je tenois donc la lettre, et le portrait... il étoit joli le portrait....

CÉCILE.

Vas donc, bourreau, vas donc.

THOMAS.

J'examinois donc la lettre, sans l'ouvrir, (*à part.*) je ne risque plus rien de mentir.

CÉCILE.

Achèveras-tu!

THOMAS.

Eh bien! tout-à-coup il est venu, il a pris la lettre, il a pris le portrait, il a soufflé la bougie, il m'a renversé par terre, il avoit cinquante bras.

CÉCILE.

Qui? qui?

THOMAS.

Et qui voulez-vous que ce soit, si ce n'est le diable?

CECILE.

Me soupçonne-tu assez crédule pour ajouter foi à de pareilles sotises?

THOMAS.

Elle n'en croit rien!

CECILE.

Monsieur Thomas, vous êtes un grand frippon.

THOMAS.

Bah!

CECILE.

Vous êtes un coquin; au lieu de me servir, vous faites tout ce que vous pouvez pour exciter ma jalousie, et vous inventez des fables absurdes dans l'espérance que je serai votre dupe, et que je paierai votre perfidie... mais ne vous y fiez pas, vous y seriez trompé.

THOMAS.

En voici bien d'une autre! je vous jure.....

CECILE.

Ne jurez pas, vous mentez.

THOMAS.

Comment, Madame, je....

CECILE.

Taisez-vous; (*à part*) c'est trop m'arrêter à de pareilles extravagances. Essayons plutôt notre épreuve. Voici une lettre que j'ai fait écrire, il faut la faire tomber entre les mains de mon mari; il la lira, et si alors la jalousie ne déchire pas son cœur, il faut qu'il soit le plus insensible des hommes. Jettons-la sous cette table. (*Elle la jette.*)

THOMAS.

Madame, vous laissez tomber quelque chose.

CECILE.

Je le sais bien. Je veux que cela reste-là.

THOMAS.

J'entends.

CECILE.

Je vous défends d'y toucher, je veux cependant que vous sachiez que je l'y ai mis à dessein. Mais malheur à vous, si vous en parlez avant que je vous commande de le dire. (*Elle sort.*)

SCENE XVII.

THOMAS, *seul.*

OH ! la bonne ruse ! elle veut remuer la bile de Monsieur.... pauvre femme ! peine perdue ! elle n'y réussira pas. Bon ! le voilà qui vient tout à propos. Je ne lui dirai rien de mon aventure, il ne me croiroit pas.

SCENE XVIII.

DUPUIS, THOMAS.

DUPUIS.

LAISSE-MOI seul. (*Thomas sort, Dupuis ferme la porte, ouvre celle de Valere et l'appelle.*) Venez, Valere, venez.

SCENE XIX.

DUPUIS, VALERE.

DUPUIS.

J'AI de bonnes nouvelles à vous apprendre.

VALERE.

J'en ai d'excellentes à vous donner.

DUPUIS.

Bon ! comment cela ?

VALERE.

Angélique est venue ici.

DUPUIS.

Comment le savez-vous ?

VALERE.

Voilà une lettre d'elle, et son portrait.

DUPUIS.

D'où les tenez-vous ?

VALERE.

Cela seroit trop long à vous conter. Qu'il vous suffise de savoir que je les ai enlevés à votre valet à qui j'ai fait une peur !....

DUPUIS.

C'est une imprudence, Valere.

VALERE.

Elle m'a réussi à souhait.

DUPUIS.

A propos, votre rival n'est point mort.

VALERE.

Ah! vous me faites le plus grand plaisir.

DUPUIS.

On espere même qu'il guérira. Sachez aussi que vos parens sont assemblés avec les siens, et je crois que tout s'appaisera bientôt.

VALERE.

Que de biens à la fois!

DUPUIS.

Rentrez dans votre retraite, et soyez plus prudent à l'avenir. Je vais à l'assemblée de famille, et j'espere vous rapporter bientôt la plus heureuse conclusion.

VALERE.

Ah! mon ami, concevez-vous tout mon bonheur?

DUPUIS.

Je le conçois par le plaisir que j'ai à y contribuer; mais rentrez, il est tems.

VALERE.

Adieu! adieu! (*il rentre*)

SCENE XX.

DUPUIS, (*seul*)

IL est fort heureux pour lui que ma femme soit jalouse; et que Thomas soit poltron, ce sont deux sortes de gens qui ne raisonnent guere, et qui devinent rarement juste. Mais que vois-je? une lettre? je l'aurai laissé tomber. Non c'est à ma femme. Diable! comme elle est musquée! Thomas!

SCENE XXI.

DUPUIS, THOMAS.

THOMAS.

MONSIEUR!

DUPUIS.

Appellez ma femme.

THOMAS.

La voilà, monsieur; elle venoit chez vous.

SCENE XXII.

DUPUIS, THOMAS, CÉCILE.

DUPUIS.

MA chère amie, voilà une lettre, que je viens de trouver sous cette table; elle est à vous.

CÉCILE, *feignant l'embarras.*

Une lettre !... ah ! c'est...

DUPUIS.

C'est une lettre, et très-odoriférante.

CÉCILE.

Vous ne l'avez pas lue ?

DUPUIS.

Elle n'est pas à mon adresse.

CÉCILE.

Vous n'êtes donc pas curieux ?

DUPUIS.

Point du tout. Si elle ne contient que des choses toutes simples, il est inutile que je les sache; si elle en renferme de désagréables, il vaut mieux que je les ignore.

CÉCILE, *avec humeur.*

Vous ne serez donc jamais jaloux ?

DUPUIS.

Jamais. Tenez, ma chère femme, toutes ces petites minauderies de l'amour ne vont point à d'anciens époux, comme nous le sommes.

CÉCILE.

D'anciens époux! ne diroit-on pas que nous sommes Philémon et Baucis? et selon vous, à quel tems les minauderies de l'amour nous sont-elles interdites?

DUPUIS.

La nature nous l'indique. Écoutez ce que disoit un philosophe aimable à quelques femmes coquettes et exigeantes. Ceci ne vous regarde pas sans doute, mais c'est une leçon générale dont la moralité n'est point à mépriser.

COUPLETS.

Femmes, voulez-vous éprouver
Si vous êtes encor sensibles?
Un beau matin, venez rêver
A l'ombre des bosquets paisibles,
Si le silence, la fraîcheur, (*Bis.*)

Si l'onde qui fuit et murmure
Agitent encor votre cœur,
Ah! rendez grâce à la nature.

Mais dans le sein de la forêt,
Azile sacré du mystere,
Si votre cœur reste muet,
Femmes, ne cherchez plus à plaire;
Si pour vous le soir d'un beau jour
N'a plus ce charme qui me touche,
Profane, que le nom d'amour
Ne sorte plus de votre bouche.

CÉCILE, *retenant Dupuis qui veut sortir.*

Maris qui voulez éprouver
Jusqu'où va notre patience,
Vous pourriez bien aussi trouver
Le prix de votre impertinence.
Plus de pitié que de courroux
Est ce qu'on doit à votre injure,
Vos femmes valent mieux que vous
Et j'en rends grace à la nature. (*Ils sortent.*)

SCENE XXIII.

THOMAS, *seul.*

Madame assurément n'aime pas la morale. Mais je suis seul dans cette chambre; si le farfadet venoit m'y retrouver! j'en suis encore tout étourdi. Qu'on aille dire maintenant que les revenans ne reviennent pas. Ce qu'il y a de sûr, c'est que celui-là sait bien escamoter. Hem! Qu'est-ce que c'est?......Ah! ah! c'est une malle qu'on apporte ici. Entrez, entrez dans cette chambre. De quelle part?

UN PORTEUR.

De la part d'une dame qui sort de chez vous, et qui a écrit à votre maître.

THOMAS.

D'une dame? Ah! j'entends.....Mettez, mettez-là. Qu'est-ce qu'il vous faut?

LE PORTEUR.

Tout est payé. (*Il sort.*)

THOMAS.

En ce cas, bon voyage. Une malle de la dame qui a écrit à Monsieur! est-ce qu'elle veut emménager chez nous? Voici du nouveau. J'espere que cette fois madame ne dira pas que je fais des contes. Courrons vite la chercher, et s'il le faut, nous ferons comme aux barrieres, nous visiterons les effets. Je savois bien que la vérité se découvriroit. (*Il sort.*)

SCÈNE XXIV.

VALÈRE.

Qu'ai-je entendu ? Ce sont les effets d'Angélique ; le coquin parle de forcer la malle ; il faut la soustraire à leur méchanceté.

(Il entraîne la malle, et ferme la Coulisse.)

SCÈNE XXV.

THOMAS, CÉCILE.

THOMAS.

Oui, Madame, une malle. Cette fois, vous ne direz pas que.... (*il la cherche*) Ah !

CÉCILE.

Eh bien ! où est-elle cette malle ?

THOMAS.

Ouf !

CÉCILE.

Parleras-tu ?

THOMAS.

Non, je me tais.

CÉCILE.

Cette malle !

THOMAS.

Eh bien, cette malle, je vois bien qu'elle n'y est plus. Si le diable se mêle de tout ici, que voulez-vous que j'y fasse ?

CÉCILE.

Tu vas recommencer !

THOMAS.

Non, Madame, je ne vous dirai plus rien, sinon que la malle a été avec la lettre et le portrait.

CÉCILE.

Ah ! vous vous habituez à vous amuser à mes dépens ! Savez-vous bien, M. Thomas, que quoique j'aie peu d'autorité dans cette maison, il m'en reste assez pour vous en faire chasser.

THOMAS.

Comme il vous plaira, Madame : aussi bien, je ne trouve pas grand agrément à vivre avec des sorciers.

CÉCILE.

Pour un imbécile, tu joues très-bien ton rôle.

THOMAS, *pleurant et suffoquant.*

Je ne joue rien, Madame, dites, et faites tout ce qu'il vous plaira; prenez un bâton, battez moi, assommez-moi, je ne dirai jamais que vous touchez trop fort, il est cependant vrai que j'ai mis une malle là, et que le diable l'a emportée, et vous ne me croirez que quand il vous emportera vous-même.

CÉCILE, *à part.*

Je ne sais que penser.... (*haut*) Quelqu'un frappe là bas, voyez ce que c'est. (*Thomas sort.*) Tout rusé qu'il est, il ne me paroît pas capable de pousser la fourberie jusqu'à ce point. Mais comment imaginer!...

SCÈNE XXVI.

CÉCILE, THOMAS, ANGÉLIQUE.

THOMAS.

AH! Dieu soit loué; tout va se découvrir. Voilà la Dame qui vouloit parler à Monsieur.

ANGÉLIQUE.

Madame, M. Dupuis est-il rentré?

CÉCILE, *avec une raillerie piquante.*

Qu'est-ce que Mademoiselle veut à M. Dupuis?

ANGÉLIQUE.

Je venois chercher la réponse à la lettre que j'ai remise à votre domestique.

THOMAS.

Et d'une!

CÉCILE.

Une lettre? A mon mari? Eh! peut-on savoir.....

ANGÉLIQUE.

Oui, Madame; elle contenoit les inquiétudes d'une femme infortunée, à qui M. Dupuis peut apprendre ce qu'elle a le plus grand intérêt de savoir.

CÉCILE.

Cela me paroît très-clair. Mais n'est-ce point vous aussi qui avez envoyé une malle?

ANGÉLIQUE.

Oui, Madame.

THOMAS.

Et de deux !

CÉCILE.

Mais, Mademoiselle, il me paroît fort étrange qu'une personne que je n'ai pas l'honneur de connoître, dispose de ma maison sans daigner m'en prévenir.

ANGÉLIQUE.

Je sens que mes démarches peuvent vous paroître suspectes, et cependant, Madame, elles n'ont rien qui doive vous allarmer. M. Dupuis est seul dépositaire d'un secret d'où dépend mon bonheur, et que j'ignore moi-même. Obligée de fuir mes parens, pour éviter la persécution, j'ai eu recours à M. Dupuis, qui peut seul m'éclairer sur mon sort.

CÉCILE.

Mais tout cela est très-innocent. Et comment, s'il vous plaît, connoissez-vous M. Dupuis ?

ANGÉLIQUE.

Je le connois très-peu, madame. Mais il est l'ami intime d'une personne qui m'est plus chere que la vie, et il peut seul m'en donner des nouvelles. Quant à cette malle, comme je suis poursuivie et obligée de me cacher, j'ai cru qu'elle seroit plus en sûreté chez un protecteur.

THOMAS.

Oh ! oui, elle est bien en sûreté.

CÉCILE.

Mademoiselle, en vérité, si je n'avois jamais lu de romans, celui-ci m'intéresseroit beaucoup.

ANGÉLIQUE.

Quoi ! Madame, vous me faite l'injure.....

CÉCILE.

Point du tout, Mademoiselle ; je vois clairement que M. Dupuis est votre protecteur, et je le félicite sur le choix de sa protégée.

ANGÉLIQUE.

Madame, il ne me reste plus qu'à sortir d'une maison où j'inspire des soupçons si humilians.

CÉCILE.

Mademoiselle, je ne souffrirai pas que vous vous exposiez dans la rue. Vous êtes poursuivie, et obligée de vous cacher, vous ne pouvez être nulle part mieux cachée que chez M. Dupuis.

ANGÉLIQUE.

Non, Madame, je sortirai.... Dieu ! quelle honte !

CÉCILE.

Vous aurez pour agréable de rester jusqu'au retour de votre protecteur.

ANGÉLIQUE.

Par grace, laissez-moi m'en aller.

CÉCILE, *la repoussant.*

Peine perdue, Mademoiselle ! Vous attendrez mon cher époux. Thomas, sortons.

ANGÉLIQUE.

Dieu ! que je suis malheureuse.

CÉCILE, *tenant la porte.*

Rassurez-vous belle affligée, je vous amènerai bientôt un consolateur. *(Elle sort et enferme Angélique.)*

SCENE XXVII.

ANGÉLIQUE, puis VALERE.

FINALE.

Que devenir ? Dieux ! quelle crise !
Hélas ! quelle étoit mon erreur !
On me soupçonne, on me méprise,
Et l'on se rit de ma douleur.
Quand je cherche un ami fidele
Qui peut, qui doit me protéger,
Je trouve une femme cruelle
Qui prend plaisir à m'outrager.
Objet de l'amour le plus tendre,
Toi que je nomme mon époux,
Valere !

VALERE, *dans sa cachette.*

Angélique, est-ce vous ?

ANGELIQUE.

Dieux ! quelle voix se fait entendre ?

VALERE.

Angélique...... (*Il se montre.*) c'est ton époux.

ANGELIQUE.

Dieu ! que vois-je !

VALERE, *lui met la main sur la bouche.*

[illegible] silence.

ANGELIQUE, *plus bas.*

O cher amour !

VALERE.

Point d'impudence.

ANGELIQUE.

Apprenez.....

VALERE.

J'ai tout entendu.

ANGELIQUE.

Ah! quel plaisir!

VALERE.

Faites silence:
Si l'on m'entend je suis perdu.

(Ils s'avancent devant la Scène et chantent pianissimo)

ENSEMBLE.

O moment pleins de charmes!
O du sort bien heureux retour!
Qu'il est doux après tant d'allarmes
D'entendre, de revoir l'objet de son amour!

VALERE.

Mais écoutons.....

ANGELIQUE.

On fait silence....

VALERE.

Bientôt Dupuis va revenir.

ANGELIQUE.

Il va venir!

VALERE.

J'ai l'espérance
Que tous nos chagrins vont finir.

ENSEMBLE.

O momens pleins de charmes.
etc..... *(l'Ensemble est interrompu.)*

VALERE.

On vient..... Fuyons dans ma retraite.
Dérobons-nous à leur courroux.

(Il emmene Angélique et ferme la coulisse.)

SCENE XXVIII *et dernière.*

CÉCILE, DUPUIS, THOMAS, puis VALERE et ANGÉLIQUE.

CÉCILE.

VENEZ, venez, perfide époux;
Venez, je tiens votre conquête.
La voilà! *(Elle cherche partout.)* Ciel!

DUPUIS.

Que dites-vous?

ENSEMBLE.

CÉCILE, *à part.*

Quel prodige! quelle aventure!
Quel est donc cet affreux secret?

DUPUIS, *à part.*

Elle est ici, tout me l'assure,
Et j'en devine le secret.

THOMAS, *à part*

Elle a passé par la serrure
Avec sa malle et son portrait.

DUPUIS.

Eh bien! vous vous taisez!

CÉCILE.

Oui, j'ai tort en effet;

DUPUIS.

Rassurez-vous de l'aventure,
Vous allez savoir le secret.
Venez, venez, couple fidèle,
Ne craignez rien, venez ici,
Et recevez de votre ami
La plus agréable nouvelle.

(*VALERE paroît, tenant Angélique par la main.*)

CECILE et THOMAS.

Dieu! que vois-je?

DUPUIS.

C'est son époux.
C'est lui que je cachai pour lui rendre service?
Ainsi de vos transports jaloux
Voyez quelle étoit l'injustice.

ANGELIQUE et VALERE.

Ah! mon ami!

TOUS.

Dieu! quel bonheur!

CECILE.

Le calme est rentré dans mon cœur.

DUPUIS, *à Valere.*

J'ai réconcilié l'une et l'autre famille,
Votre rival a pardonné;
Dorimon vous accorde Angélique sa fille;
(*à Cécile.*)
Je suis chargé d'unir ce couple fortuné;

ENSEMBLE.

(Tous.)

O momens pleins de charmes!
O du sort fortuné retour!

ANGELIQUE et VALERE.

Qu'il est doux après tant d'allarmes,
Qu'il est doux d'obtenir l'objet de son amour!

DUPUIS.

Qu'il est doux de calmer l'objet de son amour!

CECILE.

Qu'il est doux d'appaiser les frayeurs de l'amour.

TOUS, avec vivacité.

Livrons-nous à l'allegresse,
Oublions tous nos tourmens:
Des époux ayons la tendresse,
Ayons l'ivresse des amans.

FIN.

On trouve chez le même Libraire, LE JOKEI, Comédie [illegible] *un Acte et en prose, mêlée d'ariettes*; du Citoyen HOFFMAN[illegible] ADÈLE et DORSAN, Comédie *en trois Actes et* [illegible] *mêlée d'ariettes*, des Citoyens MARSOLLIER et [illegible] *Et généralement toutes sortes de pièces de Théâtre.*

[illegible library stamp]

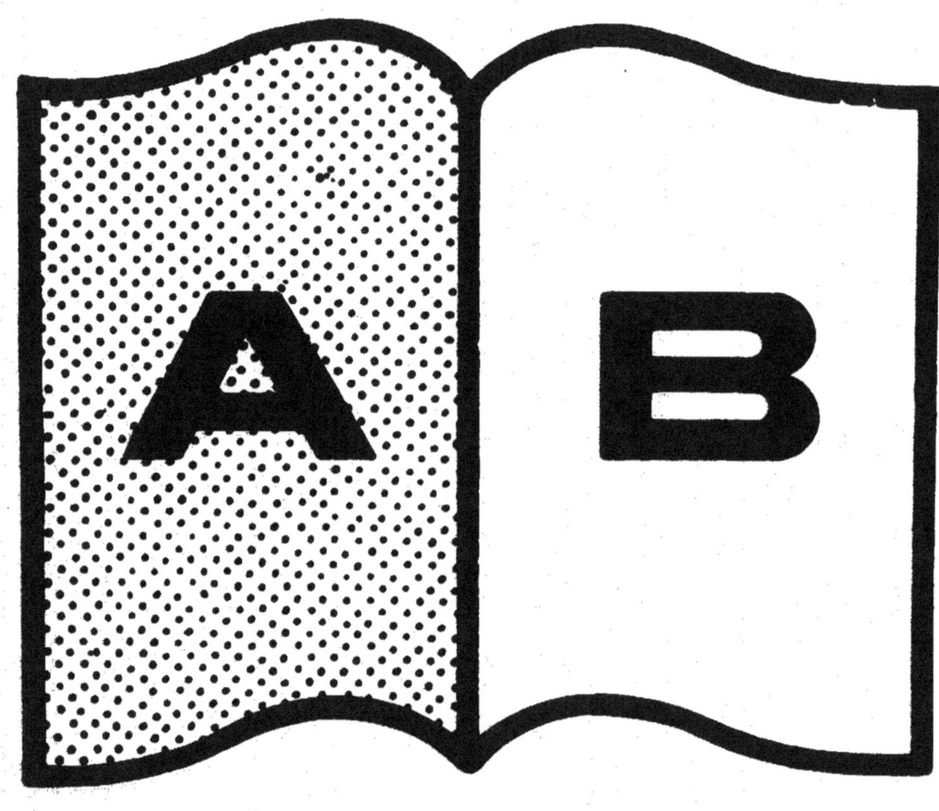

Contraste insuffisant

NF Z 43-120-14

www.ingramcontent.com/pod-product-compliance
Lightning Source LLC
LaVergne TN
LVHW020308230826
846091LV00006B/2591
9782012729711